Porcellini d'India

Galline

Asini

Conigli

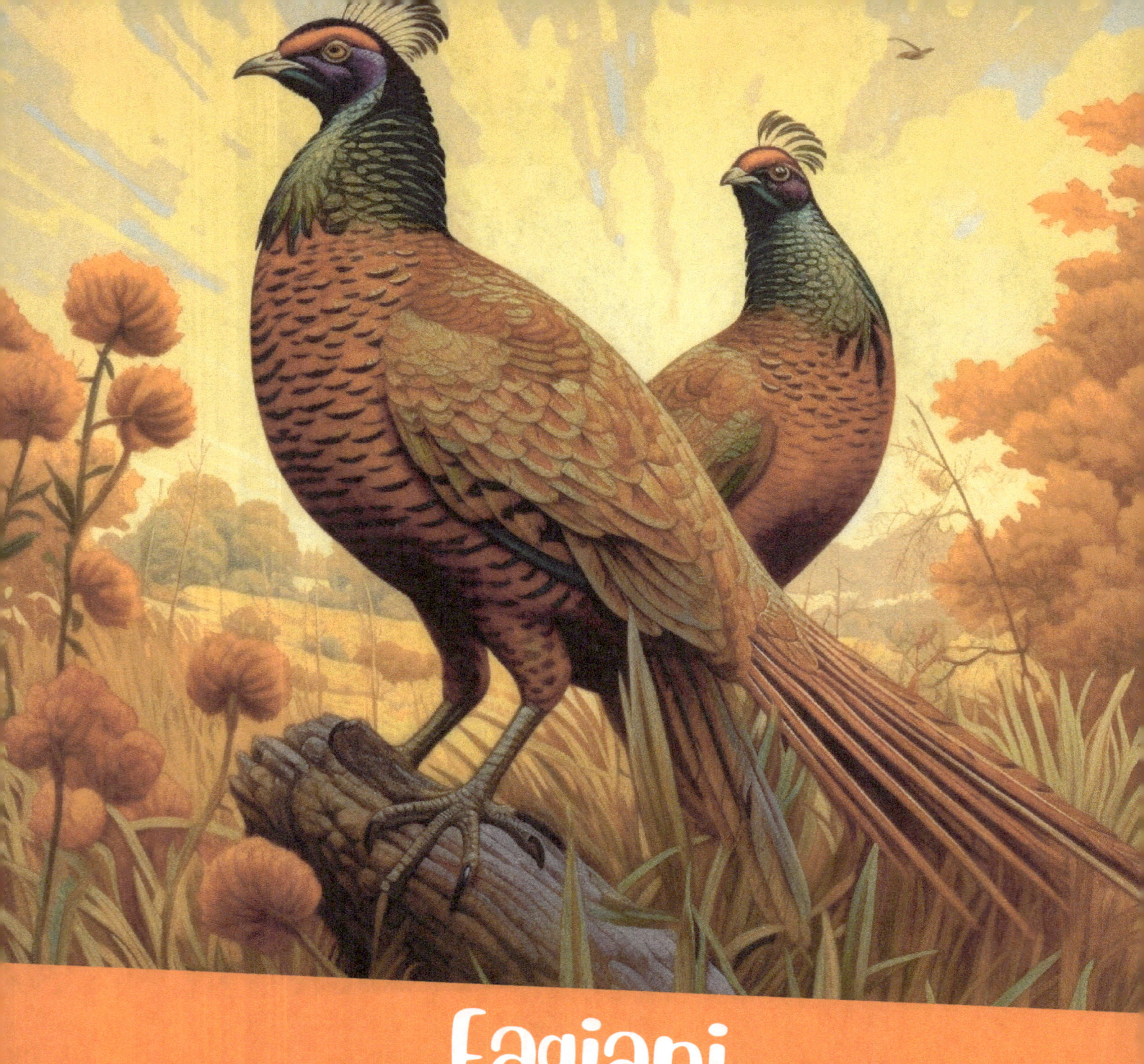

Fagiani

Capre

Pecore

Pavoni

Leonessa

Stambecco

Coccodrillo

Leopardo

Scimmia

Pantera

Canguro

Rinoceronte

Orso

Cervo

Ippopotamo

Istrice

Emù

Facocero

Aquila

Lupo

Lontra

Tucano

Camaleonte

Piranha

Gufo

Koala

Tacchino

Serpente

Lama

Galli

Struzzi

www.ingramcontent.com/pod-product-compliance
Lightning Source LLC
Chambersburg PA
CBHW080023110526
44587CB00021BA/3789